ESSENCE

Poetry · Poesie · Poesías

Mariaelena B. Fantinel

Paperback: 978-1-968667-68-9
Hardcover: 978-1-969919-42-8
eBook: 978-1-968667-69-6
Library of Congress Control Number: 2025918689

This is a work of nonfiction.

Ordering Information:

Prime Seven Media
518 Landmann St.
Tomah City, WI 54660

Printed in the United States of America

Invitation to the Reader

These poems do not arise from a desire to recount my own life or display what I know. They are not memoir, nor lesson. Instead, they are invitations — open spaces where your memories, questions, and truths might echo. Each word hopes to spark something within you — a pause, a recognition, a silent conversation with your own journey.

Invito al Lettore

Queste poesie non nascono dal desiderio di raccontare la mia vita né di mostrare ciò che so. Non sono un memoriale, né una lezione. Sono piuttosto inviti — spazi aperti dove possano risuonare i tuoi ricordi, le tue domande, le tue verità. Ogni parola spera di accendere qualcosa in te — una pausa, un riconoscimento, un dialogo silenzioso con il tuo cammino.

Invitación al Lector

Estos poemas no surgen del deseo de contar mi vida ni de mostrar lo que sé. No son memorias, ni enseñanza. Son más bien invitaciones — espacios abiertos donde puedan resonar tus recuerdos, tus preguntas, tus verdades. Cada palabra desea encender algo en ti — una pausa, un reconocimiento, un diálogo silencioso con tu propio camino.

Preface

Poetry is an act of silent resistance. In a world that rushes, that simplifies, that forgets, poetry pauses, observes, gathers. This collection is born from a deep desire to inhabit time in a different way: more conscious, more human.

Through verses written in three languages — Italian, Spanish, and English — Mariaelena Barbara Fantinel accompanies us on a poetic journey that is also a crossing of the soul.

Her words do not seek to explain, but to evoke. They do not offer answers, but suspended questions. They are cracks in the surface of the obvious, openings that invite us to feel.

This collection is not just a book: it is a refuge. It is an intimate place where thought becomes fragile, the heart is exposed, and the poetic voice becomes human. In uncertain times, poetry becomes necessary once again.

Prefazione

La poesia è un atto di resistenza silenziosa. In un mondo che corre, che semplifica, che dimentica, la poesia si ferma, osserva, raccoglie. Questa raccolta nasce da un desiderio profondo di abitare il tempo in modo diverso: più consapevole, più umano.

Attraverso versi scritti in tre lingue — italiano, spagnolo e inglese — Mariaelena Barbara Fantinel ci accompagna in un viaggio poetico che è anche un attraversamento dell'anima.

Le sue parole non cercano di spiegare, ma di evocare. Non offrono risposte, ma domande sospese. Sono fenditure nella superficie dell'ovvio, aperture che invitano a sentire.

Questa raccolta non è solo un libro: è un rifugio. È un luogo intimo in cui il pensiero si fa fragile, il cuore si espone, e la voce poetica si fa umana. In tempi incerti, la poesia torna a essere necessaria.

Prefacio

La poesía es un acto de resistencia silenciosa. En un mundo que corre, que simplifica, que olvida, la poesía se detiene, observa, recoge. Esta colección nace de un profundo deseo de habitar el tiempo de otra manera: más consciente, más humana.

A través de versos escritos en tres lenguas — italiano, español e inglés — Mariaelena Barbara Fantinel nos acompaña en un viaje poético que es también un cruce del alma.

Sus palabras no buscan explicar, sino evocar. No ofrecen respuestas, sino preguntas suspendidas. Son grietas en la superficie de lo obvio, aperturas que invitan a sentir.

Esta colección no es solo un libro: es un refugio. Es un lugar íntimo donde el pensamiento se vuelve frágil, el corazón se expone, y la voz poética se hace humana. En tiempos inciertos, la poesía vuelve a ser necesaria.

Introduzione

Italiano

Questo libro è il frutto di un lungo percorso interiore e formativo. Nel mio primo progetto ho collaborato con un artista, ma questa volta ho voluto intraprendere un cammino più personale, essenziale, autenticamente mio.

Per gran parte della mia vita ho lasciato spazio agli altri. Mi piaceva l'idea del "fare insieme". Non me ne pento: ho impara to moltissimo, anche da chi mi ha fatto sentire inadatta, invisibile, perfino inutile.

Dedico dunque questo libro a coloro che mi hanno augurato il male, e persino a chi mi ha maledetta: forse, senza volerlo, mi hanno resa più forte.

Viviamo un tempo difficile. Siamo stati tutti spettatori — e vittime — di ciò che potremmo chiamare lo scempio del nostro tempo.

Non seguo le mode spirituali né mi riconosco nei dogmi della New Age. Ma sono consapevole che la vita è un fluire complesso, dinamico, in cui si intrecciano forze interiori ed esterne in un'alchimia continua.

Cosa voglio esprimere esattamente?
Un'Italia sempre "sacrificata" da presunti giganti europei.
Un mondo che sembra preferire la guerra al dialogo.
Crescita della popolazione, cambiamenti climatici, intelligenza artificiale, medicina... caos.

In questo disordine, ho cercato un rifugio: uno spazio mio, sicuro, di riflessione.

E in questo tempo d'incertezza, io ho scelto la poesia.

Una scelta controcorrente. La poesia si legge poco, soprattutto in italiano. Per questo ho deciso di scrivere anche in spagnolo e in inglese. A quel punto mi sono chiesta: è vanità irrisolta o desiderio autentico di superare le barriere linguistiche prima che siano loro a superare me?

A questa e ad altre domande ho cercato di rispondere nei miei versi, che liberano lo sguardo e lo spirito. Versi che lasciano spazio a ciò che è stato dimenticato: il romanticismo.

Quella fragile fessura tra razionalità e istinto.
Quell'impulso profondo che ci scuote, ci rompe, ci rinnova.
Tra lacrime e sorrisi, amore e mistero: il mistero che ha riempito biblioteche e definito l'essere umano.

Ho scritto lasciando in sospeso giudizi, dolori e gioie.
Non perché abbia raggiunto una pace assoluta o un'illuminazione definitiva.
Ma perché ho finalmente scelto. E scelto di lasciare spazio.

Español

Este libro es el fruto de un largo camino interior y formativo. En mi primer proyecto trabajé con un artista, pero esta vez quise emprender un viaje más personal, esencial, auténticamente mío.

Durante gran parte de mi vida he dejado espacio a los demás. Me gustaba la idea de crear juntos. No me arrepiento: he aprendido mucho, incluso de quienes me hicieron sentir inadecuada, invisible, incluso inútil.

Por eso dedico este libro a quienes me desearon el mal, incluso a quienes me maldijeron: quizás, sin saberlo, me hicieron más fuerte.

Vivimos tiempos difíciles. Todos hemos sido testigos —y víctimas— de lo que podría llamarse el desastre de nuestra época.

No sigo las modas espirituales ni me identifico con los dogmas de la Nueva Era. Pero soy consciente de que la vida es un flujo complejo, dinámico, donde fuerzas internas y externas se entrelazan en una alquimia constante.

¿Qué quiero expresar exactamente?
Una Italia constantemente sacrificada por supuestos gigantes europeos.

Un mundo que parece preferir la guerra al diálogo.
Crecimiento poblacional, cambio climático, inteligencia artificial, medicina… caos.

En medio de este desorden, he buscado un refugio: un espacio mío, seguro, de reflexión.

Y en estos tiempos inciertos, yo he elegido la poesía.

Una elección contracorriente. Se lee poca poesía, especialmente en italiano.
Por eso decidí escribir también en español e inglés.
Entonces me pregunté: ¿es vanidad no resuelta o un verdadero deseo de superar las barreras lingüísticas antes de que ellas me superen a mí?

A esta y a muchas otras preguntas he intentado responder en mis versos, que liberan la mirada y el alma.
Versos que abren espacio a lo olvidado: el romanticismo.

Esa frágil grieta entre razón e instinto.
Ese impulso profundo que nos sacude, nos rompe, nos renueva.

Entre lágrimas y sonrisas, amor y misterio: el misterio que ha llenado bibliotecas y ha definido al ser humano.

He escrito dejando en suspenso juicios, dolores y alegrías.
No porque haya alcanzado una paz absoluta o una iluminación definitiva.
Sino porque, finalmente, he elegido. He elegido dejar espacio.

English

This book is the result of a long inner and formative journey. In my first project, I collaborated with an artist, but this time I wanted to take a more personal, essential, and truly mine path.

Throughout much of my life, I gave space to others. I liked the idea of creating together. I don't regret it: I learned a lot, even from those who made me feel inadequate, invisible—even useless.

So I dedicate this book to those who wished me harm, and even to those who cursed me—perhaps unknowingly, they made me stronger.

We live in difficult times. We have all been witnesses—and victims—of what might be called the destruction of our age.

I don't follow spiritual trends, nor do I align with the dogmas of the New Age. But I am aware that life is a complex, dynamic flow, where inner and outer forces are constantly interwoven in alchemical motion.

What am I trying to express?
An Italy perpetually sacrificed by so-called European giants.
A world that seems to choose war over dialogue.
Population growth, climate change, artificial intelligence, medicine… chaos.

In the middle of this disorder, I sought refuge: a safe, personal space for reflection.

And in these uncertain times, I chose poetry.

A bold choice, perhaps. Poetry—especially in Italian—is not widely
read.
So I decided to write also in Spanish and English.
And then I asked myself: is it unresolved vanity, or a sincere desire to
overcome language barriers before they overcome me?

To this—and many other questions—I tried to respond through my
verses, which open up the spirit and set the gaze free. Verses that make
room for what has been forgotten: romanticism.

That fragile crack between reason and instinct.
That deep impulse that shakes us, breaks us, renews us.
Through tears and smiles, love and mystery—the mystery that has filled
libraries and shaped who we are.

I wrote leaving judgment, pain, and joy suspended.
Not because I have reached absolute peace or final enlightenment.
But because, finally, I have chosen. I have chosen to leave space.

Index – Índice – Indice

Essence
A Trilingual Poetry Collection

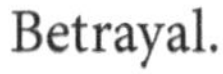

Thriller

Betrayal.
Lies.
Deceit.
Cruelty.
Ego.
I didn't know where to begin.
The heart was a maze.
The mind — a minefield.
So I started with the body.
I went to the doctor.
A small gesture,
a first step.
Now I feel better.
Not saved.
Not whole.
But alive.
It took silent days,
irretrievable time,
and patience stitched with trembling hands.
And I'll still need more.
Because the story… isn't over.

Thriller

Traiciones.
Mentiras.
Falsedad.
Crueldad.

Egocentrismo.
No sabía por dónde empezar.
El corazón, un laberinto.
La mente, un terreno minado.
Así que empecé por el cuerpo.
Fui al médico.
Un gesto mínimo,
un primer paso.
Ahora estoy mejor.
No salvada.
No entera.
Pero viva.
Fueron días mudos,
tiempo perdido,
paciencia cosida con hilo fino.
Y aún hará falta más.
Porque la historia… no ha terminado.

Thriller

Tradimenti.
Bugie.
Falsità.
Cattiveria.
Egocentrismo.
Non sapevo da dove cominciare.
Il cuore era un labirinto,
la mente un campo minato.
Così ho iniziato dal corpo.
Sono andata dal medico.

Una piccola scelta,
un primo passo.
Ora sto meglio.
Non salva.
Non intera.
Ma viva.
Ci sono voluti giorni muti,
tempo che non torna,
pazienza cucita a fatica.
E ne serviranno ancora.
Perché la storia... non è finita.

Whispers Unheard

I came to the police —
to the silence, the hollow silence,
no answer, no voice — only the echo of absence.
They gave me a name,
a number,
a lawyer's face —
but betrayal dripped
like poison in every whispered word.
The house — my refuge, my harbor,
the love — my flame, my compass —
both turned like shadows,
both pierced me with silent knives.
And the notary?
A servant to a stranger god,
unauthorized yet cloaked in law's cold shroud,
a god without mercy,
a god without light.
All these —
the voices of men,
resounding in empty chambers,
drowning out the silence.
Where, then, were the women?
The silenced song of their souls,
a chorus locked in shadows,
thoughts imprisoned in the dark —
waiting, aching, to be heard.
And here I stand —
a mystery wrapped in sorrow and hope,
a flicker in the endless night,
a heart beating to a rhythm
I cannot yet understand.
Sacred Heart, Holy Spirit —

a gift unseen,
a blessing whispered by the wind,
a God who sees the soul,
who knows the light beyond the mask,
the truth beneath the face.

Susurros Silenciados

Fui a la policía —
al silencio, al silencio hueco,
sin respuesta, sin voz — sólo el eco de la ausencia.
Me dieron un nombre,
un número,
el rostro de un abogado —
pero la traición goteaba
como veneno en cada palabra susurrada.
La casa — mi refugio, mi puerto,
el amor — mi llama, mi brújula —
ambos giraron como sombras,
ambos me atravesaron con cuchillos silenciosos.
¿Y el notario?
Un sirviente de un dios extraño,
no autorizado pero envuelto en el frío manto de la ley,
un dios sin misericordia,
un dios sin luz.
Todos ellos —
las voces de hombres,
resonando en cámaras vacías,
ahogando el silencio.
¿Dónde estaban entonces las mujeres?

La canción silenciada de sus almas,
un coro encerrado en sombras,
pensamientos presos en la oscuridad —
esperando, deseando ser escuchados.
Y aquí estoy —
un misterio envuelto en dolor y esperanza,
una chispa en la noche infinita,
un corazón que late al ritmo
que aún no puedo entender.
Sagrado Corazón, Espíritu Santo —
un regalo invisible,
una bendición susurrada por el viento,
un Dios que ve el alma,
que conoce la luz más allá de la máscara,
la verdad bajo la cara.

Sussurri Inascoltati

Sono andata dalla polizia —
al silenzio, al silenzio vuoto,
nessuna risposta, nessuna voce — solo l'eco dell'assenza.
Mi hanno dato un nome,
un numero,
il volto di un avvocato —
ma il tradimento gocciolava
come veleno in ogni parola sussurrata.
La casa — il mio rifugio, il mio porto,
l'amore — la mia fiamma, la mia bussola —
entrambi si sono trasformati in ombre,
entrambi mi hanno trafitta con coltelli silenziosi.

E il notaio?
Un servitore di un dio straniero,
non autorizzato ma avvolto nel freddo mantello della legge,
un dio senza misericordia,
un dio senza luce.
Tutti questi —
le voci degli uomini,
risuonano in camere vuote,
soffocando il silenzio.
Dove, allora, erano le donne?
Il canto silenziato delle loro anime,
un coro rinchiuso nelle ombre,
pensieri imprigionati nell'oscurità —
in attesa, desiderosi di essere ascoltati.
E qui sto —
un mistero avvolto nel dolore e nella speranza,
un bagliore nella notte infinita,
un cuore che batte a un ritmo
che non riesco ancora a capire.
Sacro Cuore, Spirito Santo —
un dono invisibile,
una benedizione sussurrata dal vento,
un Dio che vede l'anima,
che conosce la luce oltre la maschera,
la verità sotto la faccia.

Untitled

In searching myself,
I've become most familiar with what I *don't* want to be.
That realization is both a shame—
and a little frightening.
So now I ask:
How do I change?
What do I do with the parts of me
that I no longer want to carry?
But the reflection goes deeper still—
You cannot become what you do not yet know.
So I must learn to be more patient,
more forgiving with myself.
All I can truly do
is embrace my truth,
and offer the best of it
to the world around me.
Looking back,
I believe I've done just that
throughout my life.
Somehow,
that effort was misunderstood,
or misread.
Still, I have to face it—
the mess,
the confusion,
and myself.
And hope for the best.
There is nothing more difficult than that.

Sin título

Al buscar dentro de mí,
me he vuelto más familiar con lo que *no* quiero ser.
Esa revelación es una pena—
y un poco aterradora.
Ahora me pregunto:
¿Cómo cambio?
¿Qué hago con las partes de mí
que ya no quiero cargar?
Pero la reflexión va aún más allá—
No se puede ser lo que aún no se conoce.
Debo aprender a tener más paciencia,
a ser más compasiva conmigo misma.
Lo único que realmente puedo hacer
es abrazar mi verdad
y ofrecer lo mejor de ella
al mundo que me rodea.
Al mirar atrás,
creo que eso es lo que he hecho
durante toda mi vida.
De alguna manera,
ese esfuerzo fue malinterpretado,
o incomprendido.
Aun así, debo enfrentarlo—
el caos,
la confusión,
y a mí misma.
Y esperar lo mejor.
No hay nada más difícil que eso.

Senza titolo

Nel cercare me stessa,
sono diventata più familiare con ciò che *non* voglio essere.
Questa consapevolezza è una delusione—
e un po' spaventosa.
Ora mi chiedo:
Come posso cambiare?
Cosa faccio con le parti di me
che non voglio più portare con me?
Ma la riflessione va ancora più a fondo—
Non si può diventare ciò che non si conosce ancora.
Devo imparare a essere più paziente,
più indulgente con me stessa.
Tutto ciò che posso davvero fare
è abbracciare la mia verità
e offrire il meglio di essa
al mondo che mi circonda.
Ripensandoci,
credo di aver fatto proprio questo
per tutta la vita.
In qualche modo,
quel tentativo è stato frainteso,
o mal interpretato.
Eppure, devo affrontarlo—
il caos,
la confusione,
e me stessa.
E sperare nel meglio.
Non c'è nulla di più difficile di questo.

Keychains

They gave me a keychain,
and with it, my stability emptied.
Luckily, I found the right one:
the one I chose,
the one that holds a small secret.
I know it won't betray me,
because it comes from me.
I've learned that what is born of me
is fresh, not out of duty,
but because I dedicate myself,
I strive,
and I make it true.
My path is slow, gentle.
My step is quiet, simple, charming.
It is the walk of the years
among alligators dressed for a party:
a carnival lived day by day,
with the mastery of its master,
and the ever-present mask of wickedness.
I know that what saves
are the musical notes.
I know it is art
that composes
what is not yet here.
I know that there,
in the magic of the arts,
something beautiful will come.
Who, where, and when
are serious questions,
authorized,
but ones I'd rather not witness.
Because my step

is that of a spectator
on a broader stage,
from which I do not know
when I will exit.

Llaveros

Me regalaron un llavero,
y con él, se vació mi estabilidad.
Por suerte, encontré el correcto:
el que yo elegí,
el que guarda un pequeño secreto.
Sé que no me traicionará,
porque nace de mí.
He aprendido que lo que nace de mí
es fresco, no por mandato,
sino porque me dedico,
me esmero,
y lo hago verdadero.
Mi camino es lento, suave.
Mi paso es silencioso, simple, encantador.
Es el andar de los años
entre caimanes vestidos de fiesta:
un carnaval vivido día tras día,
bajo la maestría de su maestro,
y la careta constante de la maldad.
Sé que quien salva
son las notas musicales.
Sé que es el arte
lo que compone

lo que aún no existe.
Sé que allí,
en la magia de las artes,
algo bello llegará.
Quién, dónde y cuándo
son preguntas serias,
autorizadas,
a las que no deseo asistir.
Porque mi paso
es el de un espectador
en un escenario mayor,
del cual no sé
cuándo me retiraré.

Portachiavi

Mi hanno regalato un portachiavi,
e con esso, la mia stabilità si è svuotata.
Per fortuna, ho trovato quello giusto:
quello che ho scelto io,
quello che custodisce un piccolo segreto.
So che non mi tradirà,
perché nasce da me.
Ho imparato che ciò che nasce da me
è fresco, non per dovere,
ma perché mi dedico,
mi impegno,
e lo rendo vero.
Il mio cammino è lento, lieve.
Il mio passo è silenzioso, semplice, incantevole.

È il camminare degli anni
tra caimani vestiti a festa:
un carnevale vissuto giorno dopo giorno,
con la maestria del suo maestro,
e la maschera costante della malvagità.
So che a salvare
sono le note musicali.
So che è l'arte
a comporre
ciò che ancora non esiste.
So che lì,
nella magia delle arti,
qualcosa di bello arriverà.
Chi, dove e quando
sono domande serie,
autorizzate,
alle quali non desidero assistere.
Perché il mio passo
è quello di uno spettatore
in un palcoscenico più ampio,
dal quale non so
quando mi ritirerò.

Voice that Blooms

Silence follows me,
like a loyal dog on long days.
I've learned to speak to myself,
to be a refuge for my shadow.
I am the one who listens and replies,
the one who walks in quiet.
I let go of the inherited voice,
the shape others had woven in me.
Groping, through stumbles and small triumphs,
a gentle vibration moved through me.
Something untouched emerged,
unknown,
but mine.
To speak in a low voice
is to conjure the ghosts
of what is never said.
It is dressing in calm
when words begin to tremble.
To be silent is not absence,
but space in which to bloom.
And in this dialogue with no witnesses,
I discover
that within me
something new is born.

Voce che fiorisce

Il silenzio mi segue,
come un cane fedele nei giorni lunghi.
Ho imparato a parlarmi da sola,
a essere rifugio per la mia ombra.
Sono colei che ascolta e risponde,
che cammina nel silenzio.
Ho lasciato andare la voce ereditata,
la forma che altri avevano tessuto in me.
A tentoni, tra inciampi e piccole conquiste,
una vibrazione dolce mi ha attraversata.
Qualcosa di intatto emergeva,
sconosciuto,
ma mio.
Parlare a bassa voce
è evocare i fantasmi
di ciò che non si dice.
È vestirmi di calma
quando le parole tremano.
Tacere non è assenza,
ma spazio in cui fiorire.
E in questo dialogo senza testimoni,
scopro
che dentro di me
nasce qualcosa di nuovo.

Voz que florece

El silencio me sigue,
como un perro fiel de días largos.
Aprendí a hablarme sola,
a ser refugio de mi sombra.
Soy la que escucha y responde,
la que acompaña sin ruido.
Solté la voz heredada,
la forma que otros tejieron en mí.
A tientas, entre tropiezos y pequeñas conquistas,
una vibración suave me recorrió.
Algo intacto emergía,
desconocido,
pero mío.
Hablar en voz baja
es conjurar los fantasmas
de lo que nunca se dice.
Es vestirme de calma
cuando las palabras tiemblan.
Callar no es ausencia,
es espacio para florecer.
Y en este diálogo sin testigos,
descubro
que dentro de mí
nace algo nuevo.

Action – Trilingual Poem

Heavy thoughts
rarely lead to resolution—
they weigh you down,
drag you inward,
leave you staring at the ceiling,
wondering how low you'll go.

But that's not what I want.
It's not who I am.

So I listen—
track after track,
letting the whole album echo
through the walls of my doubt.

Eventually, a path must be chosen.
And I know:
somewhere, with someone,
a reckoning waits.
A kind of punishment owed
for choosing wrong
again and again.

Still—
there's something that makes me feel less alone:
I'm not the only one
who gets up
and takes action.

Accountability,
that's another story—
a slower lesson,
but one I'm still learning.

Acción – Poema Trilingüe

Pensamientos pesados
rara vez llevan a una solución—
te hunden,
te arrastran hacia dentro,
te dejan mirando al techo,
preguntándote qué tan bajo puedes caer.

Pero no es eso lo que quiero.
No es lo que soy.

Así que escucho—
pista tras pista,
dejando que todo el álbum resuene
en los muros de mi duda.

Al final, hay que elegir un camino.
Y lo sé:
en algún lugar, con alguien,
me espera un ajuste de cuentas.
Una especie de castigo merecido
por elegir mal
una y otra vez.

Aun así—
hay algo que me hace sentir menos sola:
no soy la única
que se levanta
y actúa.

La responsabilidad,
es otra historia—
una lección más lenta,
pero que todavía estoy aprendiendo.

Azione – Poesia Trilingue

Pensieri pesanti
raramente portano a una soluzione—
ti appesantiscono,
ti trascinano dentro,
ti lasciano a fissare il soffitto,
chiedendoti quanto ancora puoi cadere.

Ma non è questo che voglio.
Non è quello che sono.

Così ascolto—
traccia dopo traccia,
lasciando che l'intero album riecheggi
nei muri del mio dubbio.

Alla fine, una strada va scelta.
E lo so:
da qualche parte, con qualcuno,
mi aspetta un conto.
Una sorta di punizione dovuta
per aver scelto male
ancora e ancora.

Eppure—
c'è qualcosa che mi fa sentire meno sola:
non sono l'unica
che si rialza
e agisce.

La responsabilità,
è un'altra storia—
una lezione più lenta,
ma che sto ancora imparando.

Second Walk

Second Walk
It's not the first time I've walked
with fierce and irrational emotions.
Perhaps I should call them
the irresponsibility of unspoken feelings,
or maybe a blend of both.

But surely,
it is a walk weighed down
by the past of others—
unfortunately,
friends and ventures once close.

Truth, that shifting ghost,
doesn't exist.
It is a scheme,
a scam,
the cruel cost
of being honest.

Segundo Paseo

Segundo Paseo
No es la primera vez que camino
con emociones fieras e irracionales.
Quizás debería llamarlas
la irresponsabilidad de los sentimientos no dichos,
o tal vez una mezcla de ambos.

Pero sin duda,
es una caminata cargada
por el pasado de otros—
desafortunadamente,
amigos y emprendimientos antes cercanos.

La verdad, ese fantasma cambiante,
no existe.
Es un engaño,
una estafa,
el cruel precio
de ser honesto.

Seconda Passeggiata

Seconda Camminata
Non è la prima volta che cammino
con emozioni feroci e irrazionali.
Forse dovrei chiamarle
l'irresponsabilità dei sentimenti non detti,
o forse una combinazione di entrambi.

Ma di certo,
è una camminata appesantita
dal passato degli altri—
purtroppo,
amici e imprese un tempo vicini.

La verità, quel fantasma mutevole,
non esiste.
È uno schema,
una truffa,
il prezzo crudele
dell'essere onesti.

My Heart is Broken

My heart lies broken,
half in light, half in shadow,
where the echo of your footsteps
drifts away in a river of cold.
Nights cry out your name,
the stars have lost their fire,
and in my chest unravel
the promises you once wove.

Each heartbeat is a duel,
a lingering sorrow,
searching through the darkness
for what was never mine.

My heart lies broken,
scattered by the wind,
yet it still beats in silence
with the power of lament.

Perhaps one day, in another embrace,
with no fear, no farewell,
I'll find what I have lost,
and this wound will finally close.

Tengo el corazón partido

Tengo el corazón partido,
mitad luz, mitad vacío,
donde el eco de tus pasos
se pierde en un frío río.
Las noches gritan tu nombre,
las estrellas ya no brillan,
y en mi pecho se deshacen
las promesas que me hacías.

Cada latido es un duelo,
un lamento sostenido,
buscando en la oscuridad
lo que nunca he tenido.

Tengo el corazón partido,
deshojado por el viento,
pero aún late en el silencio
con la fuerza de un lamento.

Quizá un día en otro abrazo,
sin miedo ni despedida,
encuentre lo que he perdido
y se cierre esta herida.

Ho il cuore spezzato

Ho il cuore spezzato,
metà luce, metà ombra,
dove l'eco dei tuoi passi
si disperde in un fiume di gelo.
Le notti gridano il tuo nome,
le stelle hanno perso il loro fuoco,
e nel mio petto si dissolvono
le promesse che intrecciavi.

Ogni battito è un duello,
un dolore che non tace,
che cerca nell'oscurità
ciò che non è mai stato mio.

Ho il cuore spezzato,
sparso dal vento,
eppure batte nel silenzio
con la forza di un lamento.

Forse un giorno, in un altro abbraccio,
senza paura, senza addio,
ritroverò ciò che ho smarrito,
e questa ferita si chiuderà.

Women

I have wondered
from what land the most unfortunate women are born.
Unfortunate —
a word heavy as stone,
carrying the echo of what was denied:
not failure,
but the impossibility of flowering.
What remains,
after that quiet defeat
we call misfortune?
There are gender quotas,
the struggle for fair wages,
the minimum pensions,
the little girls who learn to read,
the women who vote,
who rise,
who refuse to be only flesh,
only echo,
only waiting.
Women seek the voice
torn from their names.
And in that simple act —
saying "I am" —
some still call them unfortunate.
And yet, something always remains.
Always.
A song that travels through time.
A word saved from the dark.
A hand that consoles.
An object that holds memory.
A cure.

Or matter itself,
changing, enduring.
Presence remains.
And above all else,
the worth of what can never be taken:
being.

Mujeres

Me he preguntado
de qué tierra nacen las mujeres más desafortunadas.
Desafortunadas —
una palabra que pesa como piedra,
que lleva el eco de lo que fue negado:
no el fracaso,
sino la imposibilidad de florecer.
¿Qué queda,
tras esa derrota callada
que llamamos mala suerte?
Quedan las cuotas de género,
las luchas por un salario justo,
las pensiones mínimas,
las niñas que aprenden a leer,
las mujeres que votan,
que se levantan,
que se niegan a ser solo carne,
solo eco,
solo espera.
Las mujeres buscan la voz
que les fue arrancada del nombre.

Y en ese gesto sencillo —
decir "yo soy" —
hay quien aún las llama desafortunadas.
Y sin embargo, algo queda.
Siempre.
Una canción que atraviesa el tiempo.
Una palabra salvada de la oscuridad.
Una mano que consuela.
Un objeto que guarda memoria.
Una cura.
O la materia misma,
que se transforma y resiste.
Permanece la presencia.
Y permanece, por encima de todo,
el valor de lo que jamás podrá ser arrebatado:
el ser.

Donne

Mi sono chiesta,
da quale terra nascano le donne più sfortunate.
Sfortunate —
una parola che pesa come pietra,
che porta il suono di ciò che è stato negato:
non il fallimento,
ma l'impossibilità di fiorire.
Cosa resta,
dopo quella sconfitta silenziosa
che chiamiamo sfortuna?
Restano le quote rosa,
le battaglie per un salario giusto,
le pensioni minime,
le bambine che imparano a leggere,

le donne che votano,
che si alzano in piedi,
che rifiutano di essere solo carne,
solo eco,
solo attesa.
Le donne cercano la voce
che fu tolta al loro nome.
E in quel gesto semplice —
dire "io sono" —
c'è chi le chiama ancora sfortunate.
Eppure, qualcosa resta.
Sempre.
Una canzone che attraversa il tempo.
Una parola salvata dal buio.
Una mano che consola.
Un oggetto che custodisce memoria.
Una cura.
O la materia stessa,
che si trasforma e resiste.
Resta la presenza.
E resta, sopra ogni cosa,
il valore di ciò che nessuno potrà mai togliere:
l'essere.

Love that Adds Up

I never mention you,
Why?
Maybe out of shame.
Because our words
Don't fit in the same verse.

He and I, on such different pages,
With chapters that never cross,
Skills that brush against magic,
But in opposing worlds.

The fire spoke with fury,
Science replied with calm,
And in the echo of their voices,
Something trembled.

A page written somewhere else,
A love that adds up,
But never aligns.

And though our paths don't touch,
In the distance, something grows,
A truth without a name,
A heartbeat that persists.

Amor que suma

A ti nunca te menciono,
¿Por qué?
Por vergüenza, quizás.
Porque nuestras palabras
No caben en el mismo verso.

Yo y él, en páginas tan diferentes,
Con capítulos que nunca se cruzan,
Habilidades que rozan la magia,
Pero en mundos opuestos.

El fuego habló con furia,
La ciencia respondió con calma,
Y en el eco de sus voces,
Algo vibró.

Una página escrita en otro lugar,
Un amor que suma,
Pero nunca coincide.

Y aunque nuestros caminos no se tocan,
En la distancia algo crece,
Una verdad sin nombre,
Un latido que persiste.

L'assenza

Non ti nomino mai,
Perché?
Forse per vergogna.
Perché le nostre parole
non trovano posto nello stesso verso.

Io e lui, in pagine così diverse,
con capitoli che non si incrociano mai,
talenti che sfiorano la magia,
ma in mondi opposti.

Il fuoco parlò con furia,
la scienza rispose con calma,
e nell'eco delle loro voci
qualcosa vibrò.

Una pagina scritta altrove,
un amore che aggiunge,
ma che mai coincide.

E anche se i nostri cammini non si sfiorano,
nella distanza qualcosa cresce,
una verità senza nome,
un battito che persiste.

Friendship

Compadre,
Consorte,
Junta,
Comrade,
Brother,
Asere.

They are words like maps,
Traces of paths that cross,
Stories told without voice,
Bonds woven in silence.

Maybe it's because of these varied expressions
That I think so much about friendship,
That unwritten pact,
That constant refuge.

Each one is a novel,
Echoes of toasts and tears,
Laughter unleashed on nameless nights,
Conversations that heal and hurt.

A red thread entwining a beautiful feeling,
Stretched between distant hearts,
That recognize each other amid the noise,
And embrace even in absence.

And I bow in reverence,
To that nameless bond,
Simply called friendship.

Amistad

Compadre,
Consorte,
Junta,
Camarada,
Hermano,
Asere.

Son palabras como mapas,
Trazos de caminos que se cruzan,
Historias que se cuentan sin voz,
Lazos tejidos en silencio.

Será por estas variopintas expresiones
Que pienso tanto en la amistad,
Ese pacto sin firma,
Ese refugio constante.

Cada una es una novela,
Ecos de brindis y lágrimas,
Risas desatadas en noches sin nombre,
Conversaciones que curan y duelen.

Un hilo rojo que entrelaza un sentimiento hermoso,
Tendido entre corazones distantes,
Que se reconocen en medio del ruido,
Y se abrazan incluso en la ausencia.

Y me doblo en reverencia,
Ante ese lazo sin nombre,
Que simplemente se llama amistad.

Amicizia

Compare,
Consorte,
Compagno,
Camerata,
Fratello,
Amico caro.

Sono parole come mappe,
tracce di cammini che si incrociano,
storie raccontate senza voce,
legami tessuti nel silenzio.

Sarà per queste espressioni variopinte
che penso tanto all'amicizia,
quel patto senza firma,
quel rifugio costante.

Ognuna è un romanzo,
echi di brindisi e lacrime,
risate sciolte in notti senza nome,
conversazioni che curano e feriscono.

Un filo rosso che intreccia un sentimento bello,
teso tra cuori lontani,
che si riconoscono in mezzo al rumore,
e si abbracciano persino nell'assenza.

E mi inchino in reverenza
davanti a quel legame senza nome,
che semplicemente si chiama amicizia.

Love

Perhaps love
does not seek to be perfect.
Perhaps it only longs to be real.

I think we walk through life
without knowing who we are,
selling time for coins,
calling it purpose—
because we are told money matters most.

But the truth whispers something else:
Find what you love.
Let your work have soul,
not just hours lost upon a clock.

Some discover it early.
Others, like me, take longer.
And there are those who never do.

That, I believe,
is the quiet sorrow
no one dares to name.

We yearn to belong,
to be part of something
that sees us, holds us,
and shelters us from the storm.

Because to be part of a group—
a true one—
that accepts and protects us,
is not only comfort.
It is essential.

And there, only love—
that silence that roars—
can make the difference.

The most powerful force,
the most overlooked
of our time.

Can you love another
without losing your own name?
Can you love yourself first—
truly—
and then give your heart,
remaining whole
within a community
that sees you
and lets you be?

It is frightening.
It is beautiful.
And it is necessary.

Amor

Tal vez el amor
no busca ser perfecto.
Tal vez solo quiere ser real.

Creo que caminamos por la vida
sin saber quiénes somos,
vendiendo tiempo por monedas,

llamándolo propósito—
porque nos dicen que el dinero es lo más importante.

Pero la verdad susurra otra cosa:
Encuentra lo que amas.
Que tu trabajo tenga alma,
no solo horas perdidas en el reloj.

Algunos lo descubren temprano.
Otros, como yo, tardan más.
Y hay quienes nunca lo hacen.
Esa es, creo,
la tristeza callada
que nadie se atreve a nombrar.

Anhelamos pertenecer,
ser parte de algo
que nos vea, nos abrace,
y nos resguarde de la tormenta.

Porque ser parte de un grupo—
uno verdadero—
que nos acepte y nos proteja
no es solo consuelo.
Es esencial.

Y allí, solo el amor—
ese silencio que ruge—
puede marcar la diferencia.

La fuerza más poderosa,
más ignorada
de nuestro tiempo.

¿Puedes amar a otro
sin perder tu nombre?
¿Puedes amarte a ti mismo primero—
de verdad—
y luego entregar el corazón,
siguiendo entero
dentro de una comunidad
que te vea
y te deje ser?

Eso da miedo.
Es hermoso.
Y es necesario.

Amore

Forse l'amore
non è fatto per essere perfetto.
Forse vuole solo essere vero.

Credo che camminiamo nella vita
senza sapere chi siamo,
scambiando tempo per monete,
chiamandolo scopo—
perché ci dicono che il denaro conta più di tutto.

Ma la verità sussurra altro:
Trova ciò che ami.
Lascia che il lavoro abbia un'anima,
non solo ore perse nel ticchettio.

Alcuni lo trovano presto.
Altri, come me, ci mettono una vita.
E altri ancora… mai.
Questa è, credo,
la tristezza silenziosa
che nessuno osa nominare.

Desideriamo appartenere,
essere parte di qualcosa
che ci vede, ci tiene,
ci protegge dalla tempesta.

Perché far parte di un gruppo—
uno vero—
che ci accoglie e ci protegge
non è solo conforto.
È essenziale.

E lì, solo l'amore—
quella cosa silenziosa e ruggente—
può fare la differenza.

La forza più potente,
più trascurata
del nostro tempo.

Puoi amare un altro
senza perdere il tuo nome?
Puoi amare prima te stesso—
davvero—
poi offrire il cuore liberamente,
e restare intero
dentro una comunità

che ti vede
e ti lascia essere?

È spaventoso.
È bellissimo.
È necessario.

Mirror

Standing still,
I see myself reflected—
in an installation,
a garden,
a structure.

Waiting for summer.
And waiting
is so hard—
finding my way back
on my own track,
learning to trust life.

People—
a jungle
in carnival times.

Espejo

Quieta,
me miro reflejada—
en una instalación,
un jardín,
una estructura.

Esperando el verano.
Y esperar
es tan difícil—
volver al camino

por mí misma,
aprender a confiar en la vida.

Gente—
una jungla
en tiempos de carnaval.

Specchio

Ferma,
mi vedo riflessa—
in un'installazione,
un giardino,
una struttura.

Aspettando l'estate.
E aspettare
è così difficile—
ritrovare la mia strada
da sola,
imparare a fidarmi della vita.

Persone—
una giungla
in tempi di carnevale.

A Quiet Echo

The poems have spoken.
They have whispered truths in silence,
danced barefoot between your thoughts,
and lingered in the stillness of your breath.

Now, in this final silence,
may you carry their echoes into your own life —
in the quiet moments, in laughter,
in sorrow, in wonder.

Let them live with you,
not just as words,
but as windows —
into memory,
into hope,
into all the untold stories that remain inside you.

Poetry ends on the page,
but begins again in the heart of the reader.

"Forever is composed of nows."
— Emily Dickinson

Un Eco Silencioso

Los poemas han hablado.
Han susurrado verdades en silencio,
bailado descalzos entre tus pensamientos,
y se han quedado en la quietud de tu respiración.

Ahora, en este silencio final,
que sus ecos te acompañen en tu propia vida —
en los momentos de calma, en la risa,
en el dolor, en el asombro.

Que vivan contigo,
no solo como palabras,
sino como ventanas —
hacia la memoria,
hacia la esperanza,
hacia todas las historias no contadas que aún habitan en ti.

La poesía termina en la página,
pero renace en el corazón del lector.

"La eternidad está compuesta de instantes."
— Emily Dickinson

Un Eco Silenzioso

Le poesie hanno parlato.
Hanno sussurrato verità nel silenzio,
danzato a piedi nudi tra i tuoi pensieri,
e sono rimaste nella quiete del tuo respiro.

Ora, in questo silenzio finale,
possa tu portarne l'eco nella tua vita —
nei momenti di quiete, nel riso,
nel dolore, nello stupore.

Che vivano con te,
non solo come parole,
ma come finestre —
verso la memoria,
verso la speranza,
verso tutte le storie non raccontate che ancora abitano in te.

La poesia finisce sulla pagina,
ma ricomincia nel cuore del lettore.

"L'eternità è composta da adesso."
— Emily Dickinson

Communities

The real challenge of our times

We stand
where old paradigms crumble—
where maps once trusted
no longer lead us home.

What is relevance,
when the world spins
on new axes?

It does not mean
the past is gone—
only that we are being asked
to breathe
under different skies.

Not all are ready.
Not all are listening.
Not all can see
the shape of this change.

The Earth speaks.
Her voice, a fever.
Her winds, unrest.
And still,
she offers beauty
and a place to begin again.

We are called—
to protect the fragile wild,
to honor identity,

to guard each other
from the sharp teeth
of hate and silence.

We are called—
to open,
to listen,
to be responsible
and gentle
and brave.

But—

Should we be concerned?
Or should we worry?

We're told:
Go with the flow.

But what is that flow?
Where does it take us?
And who decides?

Should we stand
for what we believe—
or skim the surface,
smiling, moving on?

Do boundaries
carve the shape of our lives
or are they illusions
we keep drawing
in the sand?

These questions remain—
restless,
unanswered.

Maybe you don't feel them
each day.

But I do.

And yet—
when I walk into the wild,
through tangled roots
and fractured light,
I find—

a mess
and a miracle.

Chaos
and calm.

And I learn:
even now,
there is something worth tending.
Something worth asking.
Something still
worth loving.

Comunidades

El verdadero desafío de nuestro tiempo

Estamos
donde los viejos paradigmas se desmoronan—
donde los mapas de confianza
ya no nos llevan a casa.

¿Qué es la relevancia,
cuando el mundo gira
en nuevos ejes?

No significa
que el pasado haya desaparecido—
sólo que se nos pide
respirar
bajo cielos distintos.

No todos están listos.
No todos escuchan.
No todos pueden ver
la forma de este cambio.

La Tierra habla.
Su voz, una fiebre.
Sus vientos, agitación.
Y aún así,
ofrece belleza
y un lugar para comenzar de nuevo.

Se nos llama—
a proteger lo frágil y salvaje,
a honrar la identidad,

a cuidarnos
de los dientes afilados
del odio y del silencio.

Se nos llama—
a abrirnos,
a escuchar,
a ser responsables y amables
y valientes.

Pero—

¿Debemos estar preocupados?
¿O angustiados?

Nos dicen:
Sigue la corriente.

Pero ¿cuál es esa corriente?
¿A dónde nos lleva?
¿Y quién la dirige?

¿Debemos defender
lo que creemos—
o quedarnos en la superficie,
sonriendo, avanzando?

¿Marcan los límites
la forma de nuestras vidas
o son ilusiones
que seguimos dibujando
en la arena?

Estas preguntas permanecen—
inquietas,
sin respuesta.

Tal vez tú no las sientas
cada día.

Pero yo sí.

Y aún así—
cuando camino entre lo salvaje,
entre raíces enredadas
y luz quebrada,
descubro—

un caos
y un milagro.

Desorden
y calma.

Y aprendo:
incluso ahora,
hay algo que vale la pena cuidar.
Algo que merece ser preguntado.
Algo que aún
vale la pena amar.

Comunità

La vera sfida del nostro tempo

Siamo
là dove i vecchi paradigmi crollano—
dove le mappe un tempo sicure
non portano più a casa.

Cos'è la rilevanza,
quando il mondo ruota
su nuovi assi?

Non significa
che il passato sia sparito—
significa solo che ci viene chiesto
di respirare
sotto cieli diversi.

Non tutti sono pronti.
Non tutti ascoltano.
Non tutti vedono
la forma di questo cambiamento.

La Terra parla.
La sua voce è febbre.
I suoi venti, disordine.
Eppure,
offre bellezza
e un luogo da cui ricominciare.

Siamo chiamati—
a proteggere la fragile natura,
a onorare l'identità,

a difenderci
dai denti affilati
dell'odio e del silenzio.

Siamo chiamati—
ad aprirci,
ad ascoltare,
a essere responsabili
e gentili
e coraggiosi.

Ma—

Dobbiamo preoccuparci?
O temere?

Ci dicono:
Segui il flusso.

Ma cos'è questo flusso?
Dove ci conduce?
E chi lo guida?

Dobbiamo difendere
ciò in cui crediamo—
o restare in superficie,
sorridendo, andando avanti?

I confini
disegnano davvero la forma delle nostre vite
o sono illusioni
che continuiamo a tracciare
nella sabbia?

Queste domande restano—
inquieti,
senza risposta.

Forse tu
non le senti ogni giorno.

Ma io sì.

Eppure—
quando cammino nella natura,
tra radici contorte
e luce spezzata,
scopro—
un caos
e un miracolo.

Disordine
e quiete.

E imparo:
anche adesso,
c'è qualcosa che merita cura.
Qualcosa che vale la domanda.
Qualcosa che ancora
vale la pena amare.

Quantum Affinity

Physics…
an unsettling presence,
a relentless challenge,
a riddle that watches me
from the unseen.
At times,
it feels like bad energy —
a mystery that refuses to be loved.
And yet,
I know I must study it,
with the respect of one who recognizes
its subtle force,
its vast depth.
It draws me in wordlessly,
confronts me,
reminds me that I exist.
And still,
it moves me forward,
holds me within its laws,
as if it understood
that doubt, too, can build.
If I had to choose,
it would not be a rigid marriage,
nor a blind reverence.
It would be, rather,
a friendship without expiration:
the kind that spans years
and evolves without breaking.
A quantum affinity,
unpredictable,
yet true.

Afinidad Cuántica

La física…
una presencia inquietante,
un reto sin tregua,
una incógnita que me observa
desde lo invisible.
A veces,
parece una mala vibra —
un enigma que no se deja amar.
Y sin embargo,
sé que debo estudiarla,
con el respeto de quien reconoce
su fuerza sutil,
su profundidad inmensa.
Me atrae sin palabras,
me confronta,
me recuerda que existo.
Y aun así,
me impulsa hacia adelante,
me sostiene en sus leyes,
como si entendiera
que la duda también construye.
Si tuviera que elegir,
no sería un matrimonio rígido,
ni una reverencia ciega.
Sería, más bien,
una amistad sin fecha de caducidad:
de esas que atraviesan los años
y evolucionan sin romperse.
Una afinidad cuántica,
impredecible,
pero cierta.

Affinità Quantica

La fisica…
una presenza inquietante,
una sfida incessante,
un'incognita che mi osserva
dal mondo invisibile.
A volte,
sembra una cattiva vibrazione —
un enigma che non si lascia amare.
Eppure,
so che devo studiarla,
con il rispetto di chi riconosce
la sua forza sottile,
la sua profondità immensa.
Mi attrae senza parole,
mi confronta,
mi ricorda che esisto.
E ancora,
mi spinge avanti,
mi sostiene con le sue leggi,
come se capisse
che anche il dubbio costruisce.
Se dovessi scegliere,
non sarebbe un matrimonio rigido,
né una cieca riverenza.
Sarebbe piuttosto
un'amicizia senza scadenza:
di quelle che attraversano gli anni
e si evolvono senza spezzarsi.
Un'affinità quantistica,
imprevedibile,
ma reale.

Dante

I don't know what you smoked,
nor who you talked to,
but I wonder what you would think today,
what feelings you'd have
lost in that dark forest.
I regret not being able to have that conversation with you,
though it comforts me to know
there are still wise people
who care for that forest,
and truly respect it.
Yes… mine would be more of a reproach,
not a compliment.
I'd rather think of other verses,
more modern,
like those of my friend Borges.
That labyrinth of letters
might surprise me even more —
that is the certainty.
It might open new paths for me,
and in the reader I may discover
a new world.
Then I thought
that writing is such a complex form
that it allows me to have hope:
that faith
that frees the past.

Dante

No sé qué te fumaste,
ni con quién hablaste,
pero me intriga saber qué pensarías hoy,
cuáles serían tus emociones
perdidas en aquella selva oscura.
Lamento no poder tener esa conversación contigo,
aunque me consuela saber
que aún existen personas sabias
que cuidan esa selva,
y la respetan de verdad.
Sí… lo mío sería más bien un reproche,
no un elogio.
Prefiero pensar en otros versos,
más modernos,
como los de mi amigo Borges.
Ese laberinto de letras
podría sorprenderme aún más —
esa es la certeza.
Tal vez me abra nuevos caminos,
y en el lector descubra
un mundo nuevo.
Pensé entonces
que la escritura es una forma tan compleja
que me permite tener esperanza:
esa fe
que libera el pasado.

Dante

Non so cosa ti sei fumato,
né con chi hai parlato,
ma mi incuriosisce sapere cosa penseresti oggi,
quali sarebbero le tue emozioni
perse in quella selva oscura.
Mi dispiace non poter avere quella conversazione con te,
anche se mi consola sapere
che esistono ancora persone sagge
che si prendono cura di quella selva,
e la rispettano davvero.
Sì... il mio sarebbe piuttosto un rimprovero,
non un elogio.
Preferisco pensare ad altri versi,
più moderni,
come quelli del mio amico Borges.
Quel labirinto di lettere
potrebbe sorprendermi ancora di più —
questa è la certezza.
Forse mi aprirà nuovi cammini,
e nel lettore scoprirò
un mondo nuovo.
Ho pensato allora
che la scrittura è una forma così complessa
che mi permette di avere speranza:
quella fede
che libera il passato.

Roses

I've watched them since yesterday,
silent accomplices of the sunny days,
first witnesses
of a summer blooming in splendor.
I face them, proud and tall,
guarding an ancient wall —
the one that holds back tears,
that allows no lament.
What astonishes is their form:
serene elegance,
a firmness dressed in color,
as if their petals
carried the memory of youth.
Nostalgia and remembrance
intertwine in a gentle dance
that flows without effort
and softly carries me
to the present:
the summer,
and its newborn dawns.

Rosas

Las contemplo desde ayer,
cómplices silentes de los días de sol,
testigos primeros
de un verano que nace magnífico.

Las enfrento, erguidas,
custodiando un muro antiguo —
aquel que impide las lágrimas,
que no tolera el lamento.
Lo que asombra es su forma:
su elegancia serena,
su firmeza vestida de colores,
como si en sus pétalos
guardaran la memoria de la juventud.
La nostalgia y el recuerdo
se entrelazan en una danza leve
que fluye sin esfuerzo
y me arrastra, suave,
hasta el presente:
el verano,
y sus amaneceres recién nacidos.

Rose

Le contemplo da ieri,
complici silenziose dei giorni di sole,
prime testimoni
di un'estate che nasce magnifica.
Le affronto, fiere,
a custodire un vecchio muro —
quello che trattiene le lacrime,
che non concede il lamento.
Ciò che stupisce è la loro forma:
un'eleganza serena,
una fermezza vestita di colori,

come se nei petali
serbassero la memoria della giovinezza.
Nostalgia e ricordo
si intrecciano in una danza leggera
che scorre senza sforzo
e dolcemente mi trascina
fino al presente:
l'estate,
e le sue albe appena nate.

Frida

I can feel your pain.
I can feel the love you gave.
I feel it.

You are an icon—
of mistreatment
by a man who couldn't love you enough.

You are an icon—
of abuse,
pain,
mistreatment,
and love.

A case history
in today's marketplace of stories.

Frida

Puedo sentir tu dolor.
Puedo sentir el amor que diste.
Lo siento.

Eres un ícono—
del maltrato
de un hombre que no pudo amarte lo suficiente.

Eres un ícono—
del abuso,

el dolor,
el maltrato,
y el amor.

Un caso de estudio
en el mercado de historias de hoy.

Frida

Posso sentire il tuo dolore.
Posso sentire l'amore che hai dato.
Lo sento.

Sei un'icona—
del maltrattamento
di un uomo che non ha saputo amarti abbastanza.

Sei un'icona—
di abuso,
dolore,
maltrattamento,
e amore.

Un caso di studio
nel mercato odierno delle storie.

My Own

I do not wish to marry.
I do not wish to braid my thoughts into another's mind,
to trade my time for company,
to press my memories into shared albums.
I do not wish to build dreams
on scaffolding I did not raise.
I do not wish to speak ideas
that echo back with foreign voices.
I do not wish to offer my body—
this sacred geography—
to be explored without reverence.
I want my skin to belong to my breath,
my soul to answer only to its own longing,
my time to unfold without negotiation.
I choose myself—
not as resistance,
but as return.
I choose solitude,
not as sorrow,
but as sanctuary.
Here, in this undivided space,
I find joy that is mine,
peace untouched by intrusion,
and safety where no shadow
of manipulation or abuse can stretch.

Mía

No deseo casarme.
No deseo entrelazar mis pensamientos en otra mente,
ni cambiar mi tiempo por compañía,
ni grabar mis recuerdos en álbumes compartidos.
No deseo construir sueños
sobre andamios que no levanté.
No deseo decir ideas
que regresen con voces ajenas.
No deseo entregar mi cuerpo—
esta geografía sagrada—
a quien no sepa venerarla.
Quiero que mi piel pertenezca a mi aliento,
que mi alma escuche solo su anhelo,
que mi tiempo se despliegue sin pactos.
Me elijo a mí misma—
no como resistencia,
sino como regreso.
Elijo la soledad,
no como tristeza,
sino como santuario.
Aquí, en este espacio indiviso,
encuentro la alegría que es mía,
la paz intacta de intrusiones,
y una seguridad donde no alcanza
la sombra de la manipulación ni del abuso.

Mia

Non desidero sposarmi.
Non desidero intrecciare i miei pensieri con la mente di un altro,
scambiare il mio tempo per compagnia,
premere i miei ricordi in album condivisi.
Non desidero costruire sogni
su impalcature che non ho innalzato.
Non desidero pronunciare idee
che riecheggiano con voci estranee.
Non desidero offrire il mio corpo—
questa geografia sacra—
perché sia esplorato senza riverenza.

Voglio che la mia pelle appartenga al mio respiro,
che la mia anima risponda solo al proprio desiderio,
che il mio tempo si dispieghi senza negoziazioni.

Scelgo me stessa—
non come resistenza,
ma come ritorno.

Scelgo la solitudine,
non come dolore,
ma come rifugio.

Qui, in questo spazio indiviso,
trovo una gioia che è mia,
una pace intatta da intrusioni,
e una sicurezza dove nessuna ombra
di manipolazione o abuso può distendersi.

My Other Half, You

My missing, unseen self,
I savor your presence —
Silent, discreet,
Endlessly attentive.
A haven for a soul as fierce and scarred as mine.

You unlocked a door
I never knew existed,
And for the first time, it's something truly mine.

Mi otra mitad, tú

Mi yo perdido e invisible,
saboreo tu presencia —
Silenciosa, discreta,
atenta sin cesar.
Un refugio para un alma tan feroz y marcada como la mía.

Abriste una puerta
que no sabía que existía,
y por primera vez, es algo verdaderamente mío.

La mia metà mancante, tu

Il mio io perduto e invisibile,
assaporo la tua presenza —
Silenziosa, discreta,
infinitamente attenta.
Un rifugio per un'anima feroce e segnata come la mia.

Hai aperto una porta
che non sapevo esistesse,
e per la prima volta, è qualcosa davvero mio.

La mia metà mancante, tu

Il mio io perduto e invisibile,
assaporo la tua presenza —
Silenziosa, discreta,

Hello, How Are You?

I hope I don't die in your arms again.

It was a strange experience,
Fear clung to me like a child
Lost on her first day of school.

I keep asking myself why it happened.

Hello, how are you?
How have you been?

Everything feels fine, like gazing
At the sunrise over the ocean,
A ceaseless rhythm, steady and real,
Breathing calm where confusion once dwelled.

Hola, ¿cómo estás?

Espero no morir otra vez en tus brazos.

Fue una experiencia extraña,
el miedo se aferró a mí como una niña
perdida en su primer día de escuela.

Sigo preguntándome por qué ocurrió.

Hola, ¿cómo estás?
¿Cómo te ha ido?

Todo se siente bien, como mirar
el amanecer sobre el océano,
un ritmo incesante, constante y real,
que respira calma donde antes habitaba la confusión.

Ciao, come stai?

Spero di non morire di nuovo tra le tue braccia.

È stata un'esperienza strana,
la paura mi si è attaccata addosso
come una bambina persa il primo giorno di scuola.

Continuo a chiedermi perché sia successo.

Ciao, come stai?
Come te la passi?

Tutto sembra tranquillo, come osservare
l'alba sull'oceano,
un ritmo incessante, costante e reale,
che infonde calma dove prima c'era confusione.

Conversations

Between you and me, always so few words,
Both chasing answers
That never wished to be found.

Mysteries,
Lies,
Betrayals,
Beliefs,
Work,
Obligations,
Culture,
Traditions.

Not a single word of comfort.

Perhaps that's why surrender felt so easy —
Giving ourselves away, then letting go,
Lost in silence where truth never dared to grow.

Conversaciones

Entre tú y yo, siempre tan pocas palabras,
ambos persiguiendo respuestas
que nunca quisieron ser halladas.

Misterios,
mentiras,
traiciones,
creencias,
trabajo,
obligaciones,
cultura,
tradiciones.

Ni una sola palabra de consuelo.

Quizás por eso rendirse fue tan fácil —
entregarnos y luego soltar,
perdidos en un silencio donde la verdad nunca se atrevió a crecer.

Conversazioni

Tra me e te, sempre così poche parole,
entrambi a rincorrere risposte
che non volevano mai farsi trovare.

Misteri,
bugie,
tradimenti,
credenze,
lavoro,
obblighi,
cultura,
tradizioni.

Neanche una parola di conforto.

Forse è per questo che arrendersi sembrava facile —
ci siamo consegnati, poi lasciati andare,
persi in un silenzio dove la verità non ha mai osato crescere.

Neanche una parola di conforto.

Forse è per questo che arrendersi sembrava facile —
ci siamo consegnati, poi lasciati andare,
persi in un silenzio dove la verità non ha mai osato crescere.

Blood Is Thicker Than Water

They say blood is thicker than water,
That the bond is eternal,
That nothing breaks what grows from the same root.

But sometimes,
Blood turns to lead,
A weight that drowns,
A thread tangled in knots of silence.

Is the weight of blood a bond or a chain?
A refuge or a torment?

Because loving out of duty isn't love,
And carrying a name isn't living.

La sangre es más espesa que el agua

Dicen que la sangre es más espesa que el agua,
que el vínculo es eterno,
que nada rompe lo que crece de la misma raíz.

Pero a veces,
la sangre se vuelve plomo,
un peso que ahoga,
un hilo enredado en nudos de silencio.

¿El peso de la sangre es vínculo o cadena?
¿Refugio o tormento?

Porque amar por deber no es amor,
y llevar un nombre no es vivir.

Il sangue è più denso dell'acqua

Dicono che il sangue sia più denso dell'acqua,
che il legame sia eterno,
che nulla possa spezzare ciò che nasce dalla stessa radice.

Ma a volte,
il sangue si fa piombo,
un peso che affonda,
un filo avvolto nei nodi del silenzio.

Il peso del sangue è un legame o una catena?
Un rifugio o una tortura?

Perché amare per dovere non è amore,
e portare un nome non è vivere.

What an Adventure

Between you and me,
An uncharted territory,
Where desire gets lost
And truth hides away.

Glances that speak,
Words that fall silent,
A restless game
Of reaching and fleeing.

What an adventure this is,
Walking the edge
Of what we are and what we could be,
Lost in the thrill of never knowing.

Qué aventura

Entre tú y yo,
un territorio inexplorado,
donde el deseo se pierde
y la verdad se oculta.

Miradas que hablan,
palabras que caen en silencio,
un juego inquieto
de acercarse y huir.

Qué aventura es esta,
caminar al borde
de lo que somos y lo que podríamos ser,
perdidos en la emoción de no saber nunca.

Che avventura

Tra me e te,
una terra inesplorata,
dove il desiderio si smarrisce
e la verità si nasconde.

Sguardi che parlano,
parole che cadono nel silenzio,
un gioco inquieto
di avvicinarsi e fuggire.

Che avventura,
camminare sul confine
tra ciò che siamo e ciò che potremmo essere,
persi nell'emozione del non sapere.

Growing Up Alone

I feel scammed,
No matter what,
No matter what I do.
I'm certain of my endless mistakes.

I didn't know.

It's so hard to grow up alone.

But I know I love,
I pray,
I try my best.

Yet the void remains,
A shadow clinging to every step,
A weight I carry,
Hoping love will one day be enough.

Creciendo en soledad

Me siento estafada,
haga lo que haga,
pase lo que pase.
Estoy segura de mis errores sin fin.

No lo sabía.

Es tan difícil crecer sola.

Pero sé que amo,
que rezo,
que lo intento con todo.

Y aún así, el vacío permanece,
una sombra que se aferra a cada paso,
un peso que cargo,
esperando que algún día el amor sea suficiente.

Crescere da soli

Mi sento ingannata,
qualunque cosa faccia,
qualunque cosa succeda.
Sono certa dei miei infiniti errori.

Non lo sapevo.

È così difficile crescere da soli.

Ma so che amo,
che prego,
che ci provo davvero.

Eppure il vuoto resta,
un'ombra che segue ogni passo,
un peso che porto con me,
sperando che un giorno l'amore basti.

I Will Never Give Up

Lies,
Desire,
Youth,
The hunger to mend so much poverty.

Maybe it's like the notes of that Eurythmics song —
I will never give up.

Love is something more.
We may call it by the wrong name,
But the force we carry
Is the only truth worth preserving.

The key may change its shape,
But that doesn't mean it stops being real.

Nunca me rendiré

Mentiras,
deseo,
juventud,
el hambre de reparar tanta pobreza.

Quizá sea como en esa canción de Eurythmics —
Nunca me rendiré.

El amor es algo más.
Podemos llamarlo con el nombre equivocado,
pero la fuerza que llevamos dentro
es la única verdad que vale la pena preservar.

La llave puede cambiar de forma,
pero eso no significa que deje de ser real.

Non mi arrenderò mai

Bugie,
desiderio,
giovinezza,
la fame di riparare tanta povertà.

Forse è come in quella canzone degli Eurythmics —
Non mi arrenderò mai.

L'amore è qualcosa di più.
Possiamo chiamarlo con il nome sbagliato,
ma la forza che portiamo dentro
è l'unica verità da custodire.

La chiave può cambiare forma,
ma non per questo smette di essere reale.

Acknowledgments

Italiano

A coloro che mi hanno sostenuta nelle ore più oscure,
porto in silenzio la vostra gentilezza.
Il padre dei miei figli, la mia famiglia
siete i miei pilastri di luce.
Agli altri non auguro né bene né male,
solo distanza, mentre la mia anima prosegue il suo cammino.

Español

A quienes me sostuvieron en mis horas más oscuras,
llevo en silencio vuestra bondad.
El padre de mis hijos, mi familia
sois mis pilares de luz.
A los demás no les deseo ni bien ni mal,
solo distancia, mientras mi alma sigue su camino.

English

To those who held me close in my darkest hours,
I carry your kindness in silence.
My children's father, my family
you remain my pillars of light.
To others, I wish no good, no ill,
only distance, as my soul continues its path.